Druck und Bindung: Westermann Druck, Zwickau
ISBN: 978-3-939435-37-2

VOM FISCHER, DER EIN KÜNSTLER WAR

30 kleine Geschichten für große Gedanken

Manfred Schlüter

Mit Illustrationen von
Alexandra Junge

mixtvision

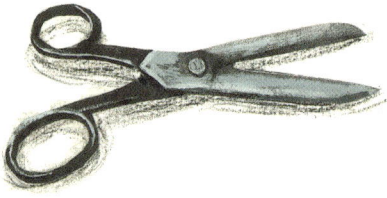

INHALT

VOM ANFANG

„Na los!"
Der Anfang war ungeduldig.
Gut, dass er da war!
Immerhin.
Das war schon mal ein Anfang.
„Der Anfang ist wichtig",
sagte der Anfang, „sehr wichtig!"
Alles musste schließlich irgendwie beginnen.
Dann erst konnte es weitergehen.
Aber wie würde es weitergehen?
Das hätte der Anfang gern gewusst.
Sehr gern sogar.
Plötzlich spürte er,
dass jemand das Buch öffnete,
seine Seite aufschlug und las,
von der ersten bis zur letzten Zeile,
und dann langsam umblätterte.
„Warte", rief der Anfang,
hüpfte auf die nächste Seite
und weiter und weiter
bis zum Ende …
„Na du?"

ALS DIE WELT MICH KENNENLERNTE

Der Tag,
an dem die Welt mich kennenlernte,
war ein Tag wie jeder andere.
Eigentlich.
In Wirklichkeit jedoch
war dieser Tag ein besonderer Tag.
Weil ich auf die Welt kam!
Natürlich war ich noch klein.
So klein wie alle Menschen,
wenn sie noch neu sind.
Du warst ja auch mal klein.
Und deine Mama und dein Papa.
Und Oma und Opa.
Alle Menschen waren mal klein.
Und manchmal glaube ich,
dass alle etwas Besonderes sind.
Du bist anders als ich.
Ich bin anders als du.
Und all die anderen
sind wieder anders.
Und irgendwie besonders.

Wahrscheinlich ist jeder Tag
ein besonderer Tag.
Aber bestimmt war der Tag,
an dem die Welt mich kennenlernte,
ein besonders besonderer Tag.
Oder?

ERINNERUNG

Wie gut,
dass ich noch ein Bild von ihm habe!
Von meinem Lieblingsbleistift.
Der hatte eine Spitze wie kein anderer,
war 18 Zentimeter lang
und sah sehr schön aus.
So schön, dass ich beschloss,
ihn zu zeichnen.
Ich begann mit seiner Spitze
und zeichnete langsam weiter.
Der Bleistift auf dem Papier
wurde länger und länger,
der Bleistift in meiner Hand
kürzer und kürzer,
denn immer wieder
musste ich ihn anspitzen.
Bald hielt ich nur noch
einen winzigen Stummel
in den Fingern.
Und als das Bild endlich fertig war,
hatte ich gar nichts mehr in der Hand.
Wie gut,
dass ich noch ein Bild von ihm habe!
Von meinem Lieblingsbleistift.

PUUH!

„Etwas Gefährliches",
sagte mein Lieblingsbleistift,
„lass uns doch mal
etwas richtig Gefährliches zeichnen.
Einen Tiger oder so."
„Na gut", seufzte ich,
„wenn du unbedingt willst."
Wir hatten den Tiger
noch gar nicht ganz fertig,
da fauchte er uns schon böse an.
Seine Augen funkelten.
Seine Zähne blitzten.
Und plötzlich setzte er zum Sprung an.
Blitzschnell zeichneten wir
einen hohen Käfig.
Gerade noch rechtzeitig!
Der Tiger prallte gegen die Metallstäbe,
der Käfig zitterte fürchterlich,
und wir zitterten auch.
„Glück gehabt", flüsterte mein Bleistift.
„Warum der wohl so böse ist?"
„Vielleicht hat er Hunger", sagte ich.
Wir zeichneten eine Riesenpizza Piazzolla.
Und Spaghetti mit Termitensoße.
Und pfannenweise Pfannkuchen.
Und tatsächlich, der Tiger fraß alles gierig auf
und guckte schon viel freundlicher.
Und dann …
dann haben wir den Käfig wegradiert.

DER BRIEF

Da saß ein Mensch
am Schreibtisch.
Er hatte einen Brief geschrieben.
Einen wunderschönen Brief.
An den liebsten Menschen auf der Welt.
Und in Gedanken war er
bei diesem lieben Menschen.
Aber in Wirklichkeit, wie gesagt,
saß der Mensch am Schreibtisch.
Er hielt den Brief in seinen Händen,
legte Ecke auf Ecke
und faltete ihn einmal, zweimal,
damit er in den Umschlag passte.
Ganz in Gedanken faltete er
weiter und weiter und weiter.
Und der Brief wurde
kleiner und kleiner und kleiner.
Bald war er nur noch so klein
wie eine Streichholzschachtel,
wie eine Briefmarke,
wie ein Fliegenschiss.
Und schließlich war der Brief
überhaupt und ganz und gar
nicht mehr zu sehen.
Und der Mensch?
Der sitzt immer noch am Schreibtisch
und sucht und sucht und sucht
und kann ihn nicht wiederfinden,
den wunderschönen Brief.

SCHNUPFENSCHWUND

Es war einmal ein Schnupfen.
Der lebte in einer Nase.
Schon sein ganzes Leben lang lebte er dort.
Weil es da so schön feucht war.
Manchmal war es besonders schön.
Und besonders feucht!
Dann liefen Tropfen aus den beiden Löchern,
und der Mensch, dem die Nase gehörte,
musste niesen.
Er zückte das Taschentuch und schnaubte hinein.
Einmal schnaubte er so kräftig,
dass man hätte meinen können,
man wäre im ungezähmten Westen
und ein wilder Hengst würde schnauben.
Das war natürlich Unsinn.
Die reine Wahrheit aber ist,
dass der Schnupfen plötzlich
im Taschentuch steckte.
Und dass das Taschentuch in der Hosentasche
des Menschen verschwand
und später in seiner Waschmaschine.
Was wohl aus ihm geworden ist …
aus dem Schnupfen?

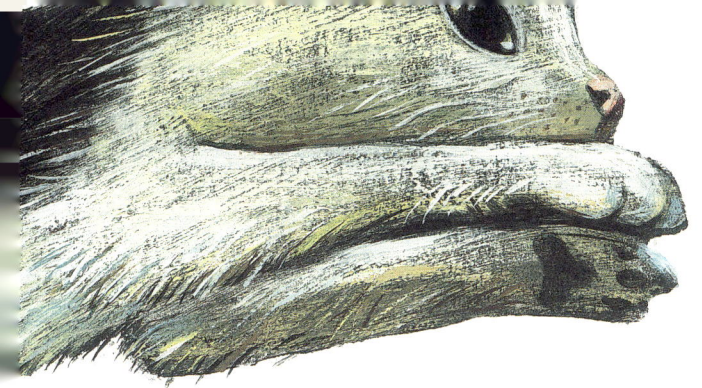

Au weh!

Es war einmal ein Au.
Es war einmal ein Weh.
Es war einmal ein Bauchweh.
Das lebte in einem dicken Bauch.
Und der Mensch, dem der Bauch gehörte,
hatte ziemliche Schmerzen.
Bauchschmerzen natürlich.
Die quälten ihn so sehr,
dass er nicht mehr sitzen konnte.
Stehen konnte er auch nicht.
Liegen schon gar nicht.
Und essen erst recht nicht.
In seiner Verzweiflung machte er
fünfhundertsechsundsiebzig Kniebeugen.
Und einen dreieinhalbfachen Salto.
Und noch einen und noch einen.
Und das Bauchweh purzelte in seinem Bauch herum
und wusste nicht mehr,
wo oben und wo unten war.
Und plötzlich war es weg.
Einfach weg!
Und der Mensch mit dem dicken Bauch,
der hielt sich schnell die Nase zu.
Und hatte einen Bärenhunger.

VERZAUBERT

Simsalabums!
Schon gab es einen Zauberer.
Der konnte zaubern wie kein anderer.
Wenn er Durst hatte,
zauberte er ein Glas herbei,
und das Wasser darin,
das funkelte wie tausend Sterne.
Quälte ihn der Hunger,
zauberte er Speisen auf den Tisch,
und der stand mitten im Schlaraffenland.
Manchmal fror der Zauberer,
dann lockte er die Sonne an den Himmel.
Und war es einmal knochentrocken,
schob er dunkle Wolken in das Blau
und ließ es eine Weile regnen.
Und Abend für Abend
zauberte er den Schlaf herbei.
Und die schönsten Träume.

Eines Nachts traf er eine Frau.
In seinem allerschönsten Traum.
Und als er am Morgen erwachte,
wusste er, dass er sich verliebt hatte.
Also schwang er seinen Zauberstab
und rief einen Zauberspruch nach dem anderen.
Die Frau aber zeigte sich nicht.
Da wollte er kein Zauberer mehr sein.

Er lief einmal, zweimal, dreimal
um die ganze Welt und vergaß endlich
die Frau aus seinem Traum …
Dann erst traf er sie.
Und sie war wirklich da!

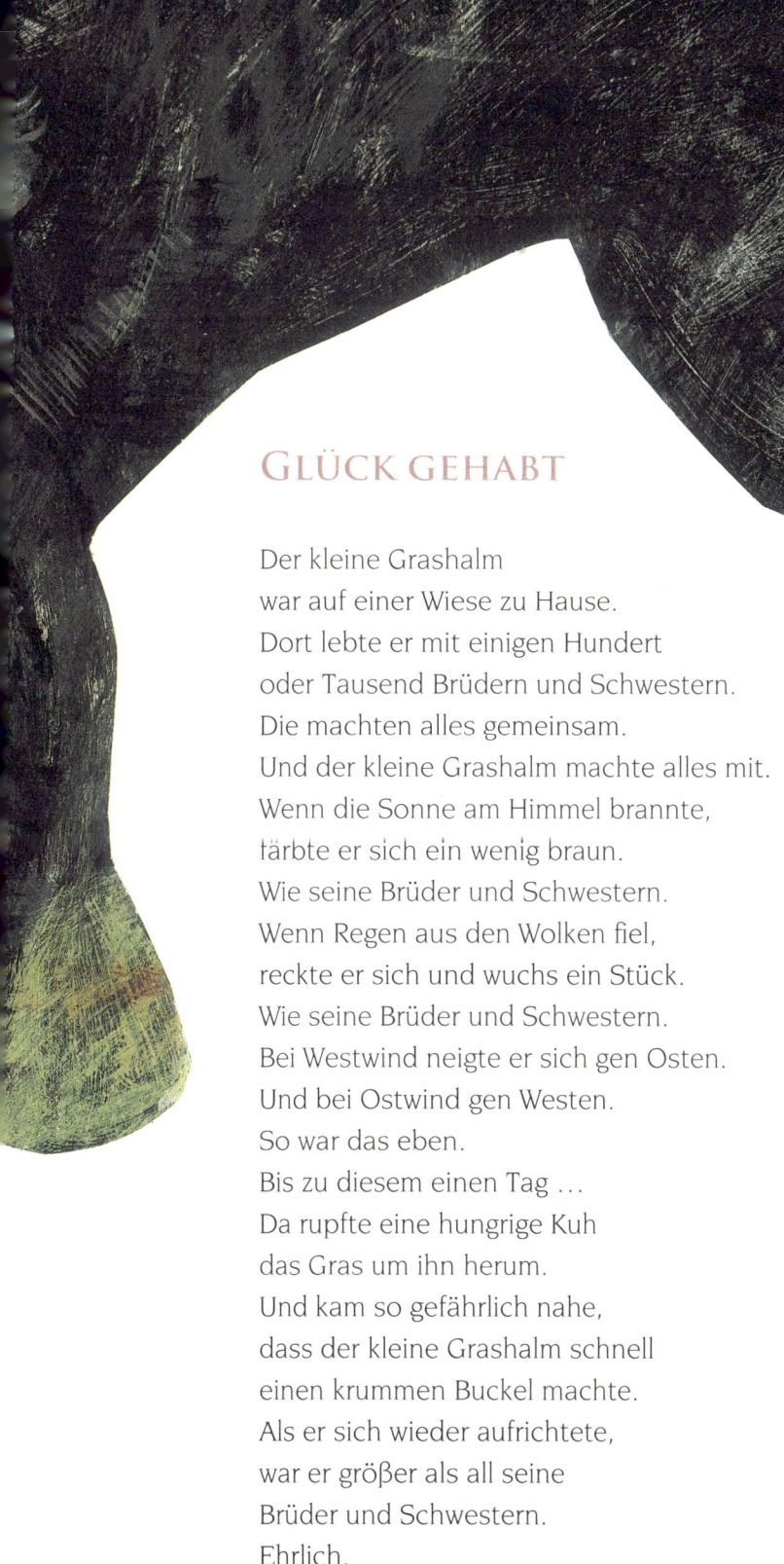

GLÜCK GEHABT

Der kleine Grashalm
war auf einer Wiese zu Hause.
Dort lebte er mit einigen Hundert
oder Tausend Brüdern und Schwestern.
Die machten alles gemeinsam.
Und der kleine Grashalm machte alles mit.
Wenn die Sonne am Himmel brannte,
färbte er sich ein wenig braun.
Wie seine Brüder und Schwestern.
Wenn Regen aus den Wolken fiel,
reckte er sich und wuchs ein Stück.
Wie seine Brüder und Schwestern.
Bei Westwind neigte er sich gen Osten.
Und bei Ostwind gen Westen.
So war das eben.
Bis zu diesem einen Tag …
Da rupfte eine hungrige Kuh
das Gras um ihn herum.
Und kam so gefährlich nahe,
dass der kleine Grashalm schnell
einen krummen Buckel machte.
Als er sich wieder aufrichtete,
war er größer als all seine
Brüder und Schwestern.
Ehrlich.

DER WANDERWALD

Da gab es einmal einen Wald.
Der war hundert Jahre oder älter.
Die Bäume hatten ihre Wurzeln
tief in die Erde gegraben.
Und ihre Äste weit in den Himmel gestreckt.
Sie kannten jede Wolke, jeden Wind
und jedes Krümelchen Erde.
Sie wussten, wie die Luft im Frühling roch.
Sie kannten den Duft des Sommers.
Und hatten so viele Male erlebt,
dass auf Herbst und Winter
ein neuer Frühling folgte.
Alle Jahre wieder.
Das kennen wir schon, dachten die Bäume
und wollten etwas Neues
sehen und hören und riechen.
Sie zogen die Wurzeln aus der Erde.
Und machten sich auf den Weg.
Das war gar nicht so einfach.
Sie waren das Wandern ja nicht gewöhnt
und mussten höllisch aufpassen,
dass sie nicht das Gleichgewicht verloren.
Dennoch stolperten sie.
Und brachen sich den einen oder anderen Ast.
Und rissen sich die dicke Rinde auf.
Das tat weh!
Und Hunger hatten sie auch!

Irgendwann gruben sie
die Wurzeln wieder in die Erde.
Ganz tief.
Und streckten ihre Äste.
Und freuten sich
auf den nächsten Frühling.
Vielleicht roch der wie immer.
Aber wer weiß …

DIE VERLIEBTE INSEL

Also, das war so:
Da gab es eine kleine Insel,
die war verliebt.
In eine andere Insel.
Die lebte in der Nähe des Horizonts.
Ungefähr da, wo jeden Abend
die Sonne ins Meer plumpste.
Das war weit weg.
Viel zu weit weg!
Und die Sehnsucht war groß.
Viel zu groß!
Eines Tages konnte es die kleine Insel
einfach nicht mehr aushalten.
Sie riss sich vom Meeresboden los
und schwamm und schwamm und schwamm …
und war endlich da!
Und die Sonne glühte so wunderbar rot.
Und die Abendwolken tanzten wie verrückt.
Und als der Mond um die Ecke schielte,
da sah er zwei Inseln,
aus denen eine Insel geworden war.
So war das. Genau so!

Du meinst, das geht nicht?
· Du meinst, Inseln können nie im Leben
und überhaupt und ganz und gar
nicht schwimmen?
Schade.

AHOI

Ich kannte eine Frau,
die kannte einen Mann.
Mit einer unglaublichen Lunge!
Wenn der Mann Luft holte,
konnte es passieren,
dass Mitmenschen ins Straucheln gerieten,
dass Bäume entwurzelt wurden
und dass das ein oder andere Dach davonflog.
Das war nicht böse gemeint.
Dennoch gab es natürlich Ärger.
Immer wieder mal.
Das war ärgerlich!
Eines windstillen Tages
stieg der Mann in sein Segelboot,
setzte Besan, Fock und alles andere Tuch,
er holte Luft und blies und blies …
und die Segel blähten sich,
das Schiff nahm Fahrt auf,
wurde schneller und schneller
und verschwand schon bald
am Horizont.

Vielleicht siehst du den Mann
irgendwann und irgendwo.
Dann sei bitte vorsichtig!
Du weißt schon, warum …

APRIL, APRIL!

Da lebte ein Mann
auf einer winzigen Insel.
Jeden Abend schaute er nach Westen.
Dort hing der Sonnenball
feuerrot über dem Horizont
und glitt langsam, langsam tiefer.
So war das. Jeden Abend.
Heute jedoch wurde der Sonnenball
mit einem Mal schneller, immer schneller,
und stürzte plötzlich ins Meer.
Das Meer erschrak natürlich,
es gurgelte und kochte und zischte
und die Gischt spritzte
bis zu den Wolken hinauf.
Die schüttelten sich wie nasse Hunde
und ließen es kräftig schauern.
Auf das Meer.
Und auf die Insel.
Und die Insel war klitschnass!
Der Mann natürlich auch.
Als er ein Handtuch holte,
fiel sein Blick auf den Kalender.
Es war der erste Tag
im vierten Monat des Jahres.
Lachen konnte er trotzdem nicht.

Und morgen?

Der kleine Stein
hatte schon sooo viel erlebt.
Wenn der erzählen könnte!
Er würde nie mehr aufhören …

Es gab sogar mal eine Zeit,
da war er noch kein Stein.
Sondern rote Glut.
Und die Erde war ein Feuerball.
Aber daran konnte er sich nicht erinnern.
Das war schon sooo lange her.
Manches jedoch
wusste er noch ganz genau.
Dass er in der Hand
eines Kindes lag zum Beispiel,
vor vielen, vielen Jahren,
wenig später übers Wasser hüpfte
und dann zu Boden sank.
Dass er mit dem Wasser eines Flusses
bis zur Mündung reiste
und weiter bis ins große Meer.

Dass das wilde Meer ihn tanzen ließ,
mit tausend anderen Steinen,
und seine harten Kanten schliff.
Und ihn schließlich
auf den weißen Strand spuckte.

Da lag er nun und fragte sich,
was wohl morgen passieren würde ...

VOM FISCHER,
DER EIN KÜNSTLER WAR

Irgendwo und nirgendwo,
drei Meter hinter dem Horizont,
wo der Himmel himmelblau
und ohne jeden Kratzer ist,
da gab es einen Fischer.
Der fuhr jeden Morgen weit hinaus,
warf den Anker ins Wasser
und ließ das Netz auf den Grund sinken.
Dann schloss er die Augen und wartete.
Warten ist eine große Kunst.
Und der Fischer war ein großer Künstler!
Er konnte warten …
Darauf, dass es Abend wurde zum Beispiel.
Dann zog er das Netz an Bord,
schaute, was er gefangen hatte,
und freute sich.
Über eine Regentropfenfamilie.
Ein halbes Dutzend Sonnenstrahlen.
Über eine Prise Fernweh.
Und ein bisschen Heimweh.
Und er freute sich
auf den morgigen Tag.
Den fand er leider nicht im Netz.
Auf den musste er warten.
Aber das konnte er ja.
Sehr gut sogar …

DER BLÜTENTRAUM

Die Blüte mochte sich
lange Zeit nicht öffnen.
Sie wusste ja nicht,
was sie erwarten würde.
Aber dann kam der Tag.
Die Sonne strahlte,
und die Luft war warm, so warm,
dass die Blüte gar nicht anders konnte,
als ihre Blätter auseinanderzufalten
und in die Welt zu schauen.
Und sie konnte sich nicht satt sehen!

Leider kam irgendwann der Abend,
die Sonne machte sich davon
und die Luft war kühl …
Da schloss die Blüte ihre Blätter
und wollte nichts,
aber auch gar nichts,
vergessen.

VOM MANN,
DER FREI SEIN WOLLTE

Ich kannte einen Mann,
der wollte frei sein.
Frei von allem!
Er wollte nichts mehr haben.
Gar nichts!
Und er verschenkte sein Haus.
Verschenkte Tische, Stühle, Schränke.
Gläser, Tassen, Becher.
Auch sein Auto.
Und sein Fahrrad.
Und seine Frau und seine Kinder.
Und den Hund.
Und war endlich frei.
Und hatte nichts mehr.
Gar nichts!
„Ich bin so frei", sagte der Mann.
Aber ich hörte ihn nicht.
Niemand hörte ihn.
Weil er keine Stimme mehr hatte.
Und sehen konnte ich ihn
auch nicht mehr.

HERZLOS

Weißt du,
dies ist die Geschichte
von dem Jungen,
der in den blauen Bus stieg
und plötzlich alles rosarot sah,
weil er einem Mädchen gegenübersaß,
einem wunderschönen Mädchen,
von dem er zu wissen glaubte,
ach was, von dem er wusste,
dass es das Herz
auf dem rechten Fleck hatte,
oder auf dem linken,
das wäre ihm auch recht,
und was soll ich sagen,
mir nichts, dir nichts, ihr nichts
warf er ein Auge,
glücklicherweise nur eines,
auf dieses Mädchen,
das mit dem Herzen
links oder rechts oder anderswo,
und das Mädchen fing das Auge
doch tatsächlich auf,
steckte es in die Tasche
und stieg an der nächsten
Haltestelle aus.

Eine lange Geschichte

„Wahnsinn", murmelte der kleine Bruno.
Er hatte den Ball nämlich
hoch in die Luft geschossen.
So hoch, dass er kleiner und immer kleiner wurde.
Und schließlich war er gar nicht mehr zu sehen.
Na ja, dachte der kleine Bruno,
irgendwann muss er ja wieder runterkommen.
Aber der Ball kam nicht.
Er war weg. Einfach weg!
Wochen vergingen und Monate und Jahre.
Und aus dem kleinen Bruno
wurde ein großer Bruno,
der hatte Zahlen und Kommas
und Buchstaben im Kopf
und dachte längst nicht mehr an den Ball.
Als der große Bruno
eines Morgens zur Arbeit ging,
hörte er ein Sausen in der Luft.
Er schaute nach oben und entdeckte endlich
einen Punkt am Himmel,
der wurde größer und immer größer.
Und aus dem Punkt wurde ein Ball,
der sprang dem großen Bruno direkt vor die Füße.
Der wollte ihn schon wegschießen,
dann aber bückte er sich.
„Das ist doch", murmelte er, „ja, natürlich …
Wo warst du denn die ganze Zeit?"
„Ach", sagte der Ball,
„das ist eine lange Geschichte."

ZEITLOS

Manchmal sah die Zeit
den Menschen zu und wunderte sich.
Ständig schauten sie auf die Uhr,
jagten von einem Termin zum nächsten
und kamen kaum zum Luftholen.
„Wo ist nur die Zeit geblieben?",
stöhnten die Menschen
und wischten sich den Schweiß von der Stirn.
Ich bin doch hier, dachte die Zeit.
„Die Zeit läuft immer schneller!",
klagten die Menschen.
Ich laufe doch nicht, dachte die Zeit,
die Menschen laufen.
Die Menschen liefen wirklich!
Sie liefen schneller. Immer schneller!
Und teilten ihre Zeit in Sekunden und Minuten,
in Stunden, Tage, Wochen
und Monate und Jahre.
Sie schrieben Termine in ihre Kalender.
Immer mehr. Und immer mehr!
Und die Zeiger ihrer Uhren drehten sich.
Im Kreis, im Kreis, im Kreis!
Und die Menschen starrten auf die Uhr.
Und sahen nicht den Augenblick …

Irgendwann kümmerte sich die Zeit
nicht mehr um die Menschen.
Und war da. Einfach nur da.

ALS DIE STADT STREIKTE

Eines Tages
hatte die Stadt genug.
Es gab keine ruhige Minute mehr.
Ständig brummten Autos.
Straßenbahnen quietschten.
Menschen plapperten ohne Pause.
Hunde bellten wie verrückt.
Und Kaufhäuser spuckten
Musik auf die Straßen.
Es war nicht zum Aushalten!

Da atmete die Stadt tief ein.
Und hielt die Luft an.
Und endlich war Ruhe.
Kein Auto brummte mehr.
Keine Straßenbahn quietschte.
Die Menschen vergaßen das Plappern
und die Hunde das Bellen.
Und die Kaufhäuser schwiegen.

Dummerweise musste die Stadt
irgendwann wieder Luft holen …

Eines Nachts

Es gab mal einen Schatten,
der gehörte einem Menschen.
Und immer, immer, immer
musste er genau das tun,
was dieser Mensch tat.
Wenn der Mensch ging,
dann ging der Schatten mit ihm.
Wenn der Mensch sich setzte,
dann setzte sich auch sein Schatten.
Legte sich der Mensch ins Bett,
dann legte sich der Schatten neben ihn.
Das war langweilig.
So etwas von langweilig!

Eines Nachts schlief der Mensch
tief und fest und schnarchte.
Der Schatten aber konnte
und wollte nicht schlafen.
Auch nicht schnarchen.
Lautlos glitt er aus dem Bett,
huschte ins Wohnzimmer,
fädelte sich durchs Schlüsselloch,
er schlich die Treppe hinunter,
lief aus dem Haus und aus der Stadt,
lief aus dem Land und flog aus dieser Welt
in eine andere …

Dem Schatten geht es gut,
so sagen weit Gereiste.
Nur der Mensch, der fühlt sich oft allein.

HIMMLISCH

Ich habe vergessen,
ob es ein schwarzes Schaf war.
Oder ein weißes.
Das ist auch egal.
Auf jeden Fall war es verliebt.
In eine kleine Schäfchenwolke.
Die segelte da oben am Himmel
und wusste nichts davon.
Eines Abends aber,
als die Wolke ein bisschen vor sich hin träumte,
flog sie tiefer als sonst über die Schafweide.
Und das schwarze Schaf,
das vielleicht ein weißes war,
machte einen Luftsprung
und küsste die kleine Schäfchenwolke,
dass es nur so schmatzte.
Da vergaß die Wolke,
dass sie eine Wolke war.
Und dem Schaf war es ganz egal,
ob es schwarz war oder weiß.
Und dass es einen roten Kopf hatte,
wusste es auch nicht.
Ich aber … ich weiß es immer noch
und kann es nicht vergessen.

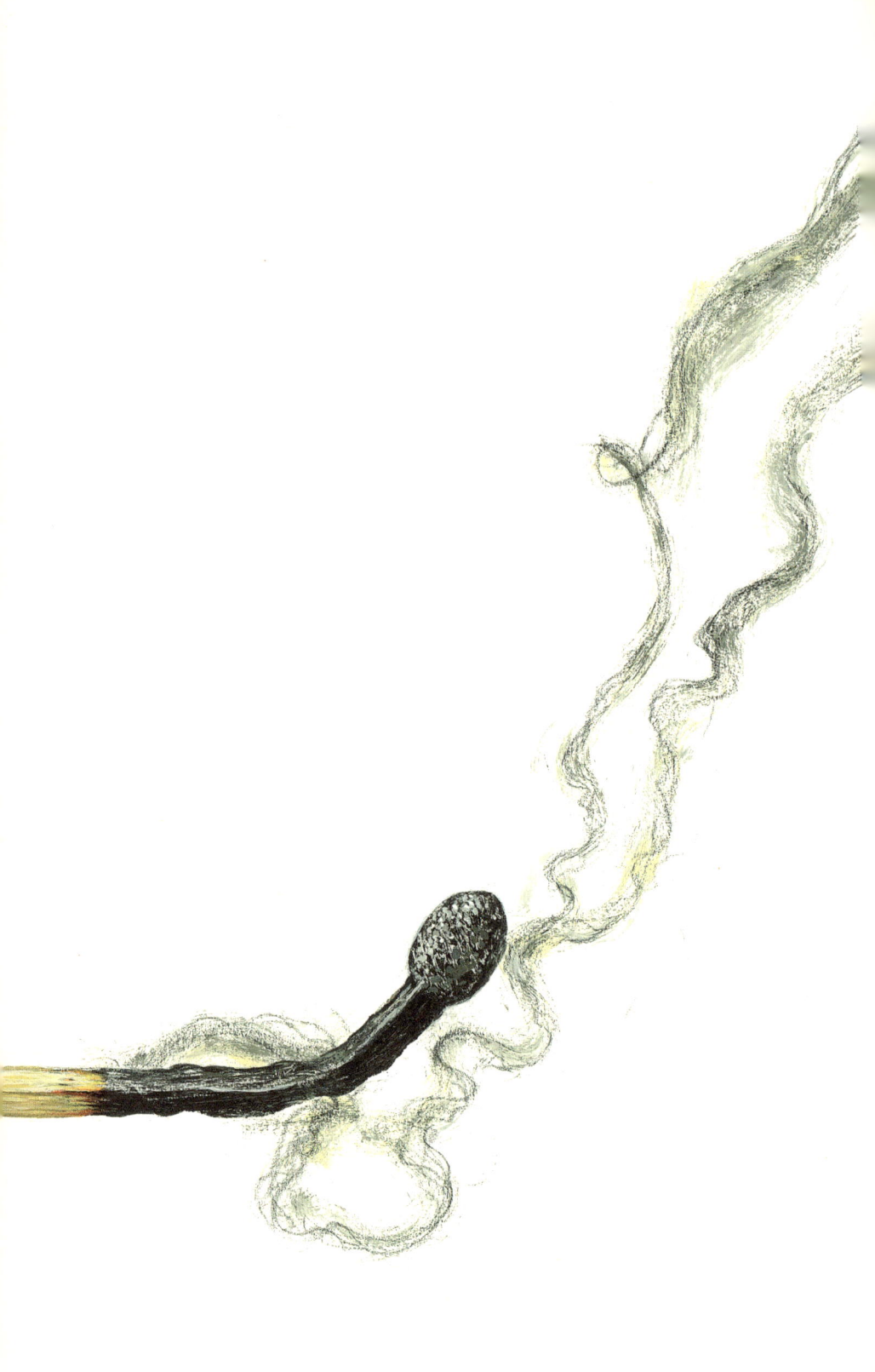

OHNE ZAHL

Ich lag auf dem Rücken im Gras
und schaute in das tiefe Blau.
Der Himmel war ein Ozean.
In dem schwammen hundert Sterne.
Oder tausend. Oder mehr?
Ich begann zu zählen:
eins, zwei, drei … und verzählte mich.
Immer wieder.
Einmal kam ich bis 127,
ein andermal bis 376.
Und dann zählte ich bis 1.498.
1.499, 1.500, 1.501 …
Plötzlich wurde mir bewusst,
dass ich niemals
alle Sterne zählen konnte.
Ich konnte ja nicht mal alle Sterne sehen.
Einige waren so weit entfernt,
dass ihr Licht die Erde gar nicht erreichte.
Es wurde schwächer und schwächer
auf dem Weg durch die Unendlichkeit.
Und andere Sterne waren längst verglüht,
obwohl ihr Licht noch unterwegs war.
Als ich mir das vorstellte,
wurde mir schwindlig.
Ich krallte meine Finger in das Gras
und hatte mit einem Mal Angst,
in den Himmel zu fallen.
Aber ich fiel nicht.
Wirklich nicht.

Der kleine Stern

Der kleine Stern wusste selbst nicht,
wie es passiert war.
Es war alles so schnell gegangen.
Er hatte plötzlich den Halt verloren.
Hatte noch die Strahlen weit von sich gestreckt
und versucht, etwas zu greifen.
Doch er griff ins Leere
und stürzte in die schwarze Nacht …

Am nächsten Morgen fand ich ihn.
Im Gemüsebeet.
Er sah ganz schön verschrammt aus.

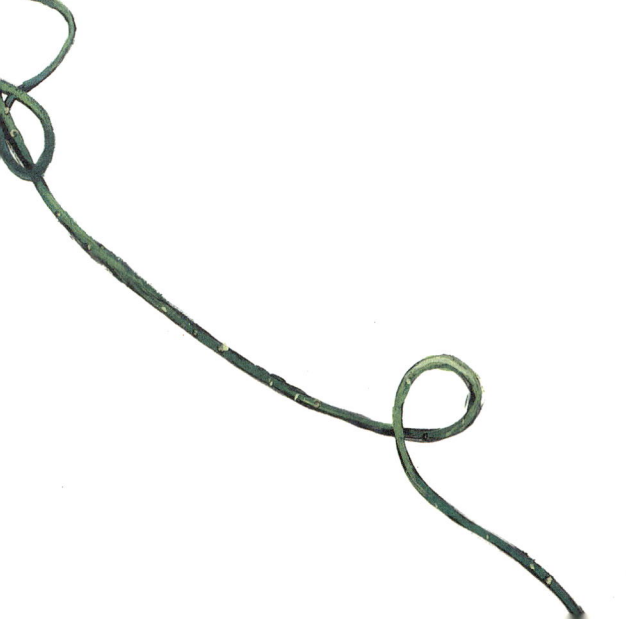

BLITZ UND DONNER

Da waren einmal zwei Brüder.
Der eine hieß Blitz.
Und der andere Donner.
Der Blitz riss so grelle Kratzer in die Nacht,
dass die Menschen schnell die Augen schlossen.
Und der Donner schlug so kräftig
auf seine Himmelspauke ein,
dass die ganze Welt ins Wanken geriet.
Und die Menschen hielten sich die Ohren zu
und zitterten vor Angst.
Die beiden Brüder aber freuten sich
und fühlten sich stark.

Eines Nachts geschah etwas Seltsames.
Der Blitz begann, mit hellem Strich zu zeichnen.
Kein Zick. Kein Zack. Nein.
Eine ganze wunderbare Welt!
Da schwammen Inseln im Himmelsmeer,
und Schiffe segelten von einer zur anderen,
und allerlei Getier tummelte sich.
Und der Donner krachte und grollte nicht.
Er flötete und pfiff und manchmal hörte es sich an,
als würde er singen.
Da verloren die Menschen ihre Angst.
Sie schauten zum Himmel
und lauschten und freuten sich.
Und die beiden Brüder?
Die freuten sich auch.
Mehr als je zuvor …

DER KLEINE WIND

Der kleine Wind
hatte einen Vater und eine Mutter.
Der Vater war ein kräftiger Westwind.
Der konnte heulen und rauschen und brüllen
und scheuchte Wolken vor sich her.
Die Mutter war ein sanfter Ostwind.
Die konnte säuseln und pusten und pfeifen
und hatte Sonne im Gepäck.
Mal reiste der kleine Wind mit dem Vater
und heulte und rauschte und brüllte.
Mal flog er mit der Mutter
und säuselte und pustete und pfiff.
Und nie war Zeit zum Schlafen!
Irgendwann war der kleine Wind
müde, viel zu müde
zum Heulen und Rauschen und Brüllen,
zum Säuseln und Pusten und Pfeifen!
Mit einem Mal sank er vom Himmel.
Immer tiefer fiel er.
Und als ich das Fenster öffnete,
segelte er mit letzter Kraft in mein Zimmer,
schwebte ins Bett und schlief sofort ein.
Als er drei Tage später
endlich wieder erwachte,
wollte er kein Wind mehr sein.
Nur manchmal noch, dann pusten wir.
Gemeinsam.
Wenn der Kakao zu heiß ist.

GUCK MAL!

Schließ doch bitte
einmal die Augen und stell dir vor,
du könntest deinen Blick
hinter den Horizont schicken,
und er würde weiter und weiter wandern,
um den lieben runden Erdenball herum,
dein Blick würde alle Meere überfliegen,
all die Berge und Täler,
all die Wüsten und Wälder,
die Städte und Dörfer und Flüsse und Seen,
und irgendwann, ich weiß nicht wann,
aber irgendwann kämst du in Sicht,
und du würdest blitzschnell den Kopf wenden
und nach hinten schauen,
nur für eine dreizehntel Sekunde oder so …
dann könntest du dir selbst
in die Augen sehen!
Kannst du dir das vorstellen?
Ja?
Dann öffne deine Augen.
Aber schnell!

WENN WÜNSCHE WACHSEN

Es war Nacht.
Es war so eine Nacht,
die Wünsche wachsen lässt.
Und hunderttausend Menschen
schauten zum Himmel hinauf.
Vielleicht auch ein paar mehr.
Oder ein paar weniger.
Und hunderttausend Menschen
hofften auf eine Sternschnuppe.
Und als wirklich und wahrhaftig
eine kleine Sternschnuppe
mit hellem Schweif ins Dunkel fiel,
da schwebten hunderttausend Wünsche
zum Himmel hinauf.
Vielleicht auch ein paar mehr.
Oder ein paar weniger.
Und alle Wünsche segelten
auf die kleine Sternschnuppe zu.
Die bekam es mit der Angst zu tun
und verglühte in Sekundenschnelle.
Und die hunderttausend Wünsche?
Ob die auch verglüht sind?

VOM ENDE

„Schluss jetzt!"
Das Ende war erschöpft.
Gut, dass es endlich da war!
„Das Ende ist wichtig",
sagte das Ende, „sehr wichtig!"
Alles musste schließlich irgendwann aufhören.
Aber es konnte auch nur aufhören,
wenn vorher schon etwas da war.
Vor dem Ende.
Was mochte das gewesen sein?
Das hätte das Ende gern gewusst.
Sehr gern sogar.
Plötzlich spürte es,
dass jemand im Buch blätterte,
seine Seite aufschlug und las,
von der ersten bis zur letzten Zeile.
Dann schloss sich das Buch
sehr langsam.
„Moment", rief das Ende,
sprang eine Seite zurück
und noch eine und noch eine
bis zum Anfang …
„Na du?"

MANFRED SCHLÜTER

geboren 1953,
lebt in Hillgroven, einem Dorf an der
Nordsee. Dort schreibt er Gedichte
und Geschichten oder malt Bilder für Bücher.
1983 wurde ihm der Fridrich-Hebbel-Preis,
2008 der Friedrich-Bödecker-Preis zuerkannt.
Zudem erhielt er Auszeichnungen der
Stiftung Buchkunst sowie der Akademie
für Kinder- und Jugendliteratur in Volkach.

ALEXANDRA JUNGE

geboren 1976,
studierte in Hamburg und Straßburg
Illustration mit dem Schwerpunkt
Kinderbuch. Ihre Bilder wurden in vielen
Ausstellungen gezeigt, u.a. auf der
internationalen Kinderbuchmesse
in Bologna. Sie hat bereits zahlreiche
Werke veröffentlicht. Alexandra Junge
lebt und arbeitet in Freiburg.